Uwe Kolbe · **Bornholm II**

Uwe Kolbe

Bornholm II

Gedichte

Aufbau-Verlag

ISBN 3-351-00179-7

1. Auflage 1986
© Aufbau-Verlag Berlin und Weimar 1986
Einbandgestaltung Sabine Grzimek
Typographie Birgit Großmann
Gesamtherstellung Offizin Andersen Nexö,
Graphischer Großbetrieb, Leipzig III/18/38
Printed in the German Democratic Republic
Lizenznummer 301.120/291/86
Bestellnummer 613 503 1
00720

Ein Gedicht, worum es mir geht

1

Die Rolle des Windes zu Zeiten des Weltuntergangs
ist noch verhehlt, doch wenn der ungeschützte Schädel
in diese Wetter ragt und so, verlassen treibt der Held
in warm gerahmten Straßen,
beherrscht ist von dem Wunsch nach Ankunft,
gerät zur Hatz der Weg, erhofft
die Seele (quarzuhrähnlich oder steinern tausendjährig,
beliebig und verschont seit jenem erstmals
als eignen hingestellten Ton),
gerufen, gefordert und fraglos
den Mantel, den Schal, die feuchten Schuhe, Wort
um Wort, Tabu um Tabu entfernend,
entschalend, enträtselnd Woher und Woheraus,
die Materialien der Kindheit
… erfinden zu können. Nämlich sie gleichen sich nicht.
Erwachsen, wagt hier dergleiche
Entdeckung und Einsiedelei.

2

Inmitten des Eunuchenpacks Bescheidener,
der Selbstaufgeber, dieses blauen Volks,
die Heimat predigen: Gewissen,
mit Namen brüderliches Zweifeln,
das schwarze, glänzende Blatt, das aufweht
als Hinsehn, Sprechen, Lachen derer,
die stets man noch zum Kühlschrankfüllen zwingt.

3

So winzig beginnt das Gedicht, emfatisch
erstickt es, erklärt nichts außer sich selbst,
verweist, wie stets, auf seinen Widerstand
den beiden deutschen Übersprachen,

setzt arhythmisch jetzt (leider, Schätzchen) fort,
landet schließlich gebrochen und ausgewichen:
Ort und Zeit sind nicht mehr zu wählen,
sind Insel mit Fesselballon
und alles auf Patmos Erfahrne.

Wir sind erst so Tintenfische,

so blaue Tapeten erst,
von kichernder Angst in Räumlein getrieben,
Hand in Hand und gegeneinander in Kleider und Knöpfe
    gezwungen:
Verdirb mich nicht, verdirb dich nicht –
ach laß uns sterben, die Rattenfänger mächtig stinken.

Wir zaghaften Hänse zunächst, Gretein wir mit unseren
    gelben Erbsen,
im Stadtpark verlaufen
und schüchtern ans andere Ende der knarrenden Bank
    mit dem Alten gesetzt,
Henna, Patschuli und Kohlkopf inmitten,
neidisch auf Radschlag der Tauben und rein so, so
    niedlich zu schauen.

Wir noch ans Wetter Gebundene, Sonnenanbeter und
    Sturmversessene,
den Händeln der Eltern entflohen ins Christfest der
    Kastanien, das lüsterne Kerzenaufstecken,
und an den Rändern stehen wir, versunken, erhobenen
    Hauptes,
in urzeitliches Gebet.

Wir erwachsen zu schönen Kindern, beginnen
    entschlossen den Tanz,
wenn die Fontänen die Brunnen verlassen,
wenn unterm Beton die Erde andrängt,
wenn vor den Posaunen jene schimmernde Funkstille
    herrscht,
wenn unsere zierlichen Drachen voll Stolz dann
    erwachen.

9

Des Deutschen Fantasie Lateinamerika

Immer im Ansatz Entdeckung einfachster Wege,
schöner feuchter Gebilde, so hängender Gärten
Ewigkeit und Sternmoos, namenloses Leben
außer dieses Nervenblocks berliner Guillotine,
den — da stirbt die Stadt — ich ruhig ableg
zu Beginn der Wanderung. Versunkne Tempel,
liebster Träume Filmbild. Eine dieser Listen
nennt ein Buch (Europa, holziger Stengel,
kaum mehr zu biegen, kaum Saugrohr, kaum Atem),
dessen Autor lichtlos nicht mehr dunkel übersetzte,
wie er hätt gesollt. Es blitzen Brillanten,
Eisvögel, auf. Greinend das Stadtschwein
am Rande zugelaufnen Tagebaus (der Pöbel, zwanglos,
greift zum besten Namen: Silbersee), die
Kräuter, Sankt Johannis, rascheln. Windgeräusche.
Heimatforscher lächeln so und zwinkern, schützen
Zeichen vorzeitlicher Gottesdienste (aus Anlaß
des Kaisergeburtstags drei Eichen gepflanzet)
gegen Förster, die Vollstrecker, queren Scheinseins
in dem Qualforst. Pappel, Birke, Weide wachsen
schnell genug. Gelobt die Öde. Bäche roter Öle.
(Stadtschwein soll schwärmen, singen solls lernen).
Geht mir doch, Poster-Verscherbler, kopflastig immer,
telefonisch gnadenlos verdrahtet, blicklos.
Schimmel. Euern Lebensstil verlorner Eier klauben
greis sich meine Reste dann zusammen, vorher aber
schlag ich goldne, leuchtend feine Pfade aus,
nach Übersee, zum Kontinent des revolutionären
    Wuchers,
der Spinner grünen Gelächters, ganz nach Eldorado.
Auf Schlinggewächsen dring ich nachher in die Heimat,
feire Einkehr in Europa. Stalins Kacheln löst
der Kuß, der weiche Segen des siegreichen Wassers.

Mich in Tiere zu verlieben, wird mein Schicksal,

Tiere aus den milden Nächten
nah am Rand des Sommers,
wie aus Luft, mit Läufen
Bögen bildend,
mit Gelenken, sanften Fellen
Muskelspiegel, Ablauf
klarer, fließender Bewegung.
Nur noch solche Linien will
ich kennen, wenn ich überlebe,
gerade hier gewiß,
wachsen auch die Bässe
Nacht um Nacht, erbauen
meinen jungen Nachbarn,
den aus Plaste.

Zwei Fragmente von unbekannter Hand

1

Was für Lächerlichkeiten. Wie wenig Mut zum Auf und Ab. Das blutige Kind darf unerkannt durchs Land, zum Schein. Die Diener des Volkes sind angelegt. Schöne Nacht, windige Zeit. Die Spargelzeit ist vorüber. Die Alraune blüht bald: wird Sommer, wird Totentanz zum Herbste.
Wird weiß, wird weiß, wird still. Das blutige Kind hat sich was mit Theater ...

2

Oh Friedensfreunde. Das Röhricht brennt. Die Wiese duftet. Das Waldgrundstück jagt mich, jagt mich. Ich hetz mich zum Leben durch. Die Wüste singt unterm Horizont. Taumelndes reizendes Schauspiel im Schnürboden. Die Elemente haben sich verkracht und schmollen. Haben Sie meine Ziege gesehen? Sie soll den Wind einatmen und nutzbringender anwenden. Seis, mit Gewalt.

Renaissance, im Gegenteil

1

Rückkehrt, blaugeschwänztes Ungeheuer,
immergleich, todliebend, harrend, der neuen
Freunde nur einer aus Griechenland. Nennt
seinen Namen nicht, zweitausendundpaar
erst Jahre alt, kennt seinen Namen nicht.
Das Vogtland, das Sachsen, das Mecklenburg,
Lausitz, Anhalt, Thüringen … und märkischen
übungsplatzwarzigen Sand in sich schließende
Neue Deutschland schluckt doch sehr gut
solcherart fremde Verheißung, kühlt sie, verwaltet
die andre Idee, hebt sie eklektisch auf
(verzeiht mir die Lautmalerei); dabei rollen
nicht Köpfe von Leichen und Puppen, endet
Geschwänz lang Verwester nicht nur
unter Tage, im Grundeis, es stirbt auch,
uniform vielleicht hübscher, nicht nur
Abgelebtes ab, lernt jede Nelke künstlich
das grinsende Lügen, ein lasches Gekrächz,
und keimen im Keller klebriger Zuversicht
blattlose Pflänzlein, farblos wie Eigelb
aus einem riesigen Hühnerknast.

2

Sind Sie, Mutter, abstimmberechtigt?
Ihr Sohn, der Gigant, wäscht sein Katzgold
in jedem beliebigen Spalt im Beton, wo her
im erstmals geeigneten Staat eines deutschen Glücks,
woher hat er das? belehrt oder richtet man ab?
Und ich frag nur, mehr stimmt nicht,
ich sag nur, unterstelle nicht,
verwechsle Gegebnes vielleicht
mit seinen Namen, eben noch kräftig,
was ich diversen Lehrern verdanke,

und suche mein Heil in Gedichten,
der Suche, deute ohne Wahl zu weit,
zu eng — bei Ansicht der Instrumente.

3

Doch wie in Ungesehnes lebst du fort,
wo trittst du hin, bleibt die Bombe aus,
Bruder im Pathos. Jetzt lernen wir,
klingen wie Schweigen, doch offen
scheint hinter dem Moloch, finstrem Gedärm,
in der Zeit etwas Singsang zu herrschen,
kleinere Inseln verlorenen Lachens
sind scheinbar noch bißchen beweglich.
Aber albern krauch ich hier, bitte
und spucke vertrocknetes Blut aus dem Blasbalg,
das Erbe, wie ichs verfluche:
das monotone Klopfen grundloser Hoffnung.

Gebet der Moderne

Der Morgen und der Abend,
zwei Punkte in der Welt, dazwischen
du Nichts bist, nichts weißt.
Grindig, verantwortungslos, stumm.
Der Hund mit dem konkreten Lebens-
erwerb und dem mystisch umnebelten
Herrchen. Verweise und Akten,
Beileid und Dankesbezeugung.
Der Haufen Dreck einer Stadt,
die leichte Brise im Dorf,
aber kein Gegeneinander, das
erschütterte. Wohin, mein Freund?
Aus der Welt, über sie hin?
Feuchter Flug durch trocknes Blut.
Ein Tropfen der Hölle aus einem
der äußeren Kreise. Hach
wie gelehrt wir sind mit Dante
in unserer Mitte. Schwarze Spiegel
teilen die Zeit. Zweimal Unendlich
wölbt sich und gratis: Das Dritte
(das Nichts). Verfluchter, der du
eine Pumpe bist, ein Blasebalg,
eine Schaufel von Ewigkeit
zu Ewigkeit. Gott bewahre.

Kleingläubig

für U.M.

                durch die Stadt großer Augen,
wetzte durch die Dekostoff-Gebiete Berlins
vor dem Eckstein rum, Markierung fremder Hirne,
Schachtelkälber, Schlächter, als frivoler Keim.

Und wie ich die Vermißtenliste auffand,
warn oben drei Kreuze: Einsatz ganzes Leben,
nach Belieben wegzuwerfen an den Haltepunkten,
die zur Lebenshilfe reichen (Scheinbrut).

Als König erwacht, unaufgeklärt, Tastatur.
Mit Stelzenworten in der Verwandtschaft
letzte vierteltausend Jahre.

Als schönes Kind aus den Wolken gefallen,
auf so eine dünne Haut, und sachte
abgelaufen in Silhouetten. Aufgegrünt.

Filigranarbeit

Sehnsucht ist Selbstbetrug,
Traum kann nichts geben ...
(Majakowski, Jubiläumsverse, 1924)

Durchsichtig rosa erblaßt
Milchbrei des Morgens
nach tieferer Nacht; kalter Schweiß
und mit dem Kaffee unvermischt.
Die Augentore in Brand.
Das Schweigen um Not.
Wimmern Heuln Flehen, reichlich
genug Vergessen. Unbeholfen
liegen im kahlen Geäst
die Namen zugelassenen Wisperns.

Die Luft zieht hin und durch,
ein kaltes Lied parallel,
unbemerkt fällt Getürm.
Dahin geh ich geht die Lust
außerhalb der Mäntel
des Frosts; und das Tier.
Jeder Anruf ist rückwärts
Gesuch um Gnade und Frieden
so Lüge die offen scheint.
Damit leben — die Wirren — dafür.

Die warmen Hände,

leicht gespreizt
und noch gelackt, in Grün
gehalten, während drunten Wege gelben
(sich Alleen suchen wird
der Wandrer durch die Städte).
Bald taucht sie im Albinopelz,
Karnickel, unvermittelt auf.
Wir kennen das. Sekunden Staunen,
Frösteln, fast Erkennen,
dann taumelt schon ein Kaufhaus
zwischen seinen Plasteflocken vor
und schmeichelt uns ein Kunstpelz.
Aber suchst du Bindung,
schnalle Schlittschuh an
und lege Eis zugrund
– auf allen Plätzen spritzt
der Magistrat es seinen angestellten
Kindern. Suchst du Bindung,
schleif die Blumen ins Eis.

Ich schien zu erliegen,

alt zu werden, eingetaucht
in dreimal Tausend Jahre Scherben,
Millionen Fossil, Milliarden
Gestein und Galaxis, eingetaucht

ins Mißverständnis, Lieben sei ein platter
Fraß, die Straßen führten nur die Not
zum Spott herum, die Städte grauten
brandig, rauchen, vor dem Leben auf,

ins Mißverständnis, dein Gesicht
sei Zufall gegen diese Herkunft, Ebne
messerkühlen Studiums der Zeitpapiere.
Aber vor der Nacht noch brachen

das Geschwür, das Siegel, spulte sich der Wurm
aus eingepflanzter Krümmung ab.
Ich kam und rieb mich leicht an deiner Haut
und blutete an manchen Stellen gelb.

So Pfeifen, Quietschen, Kreischen,

                                                  profane
Geräusche vermitteln das Brandmal Berlins,
der dümmlichen Alten, Tempeldirne, Jungfrau,
unrettbar miesem Zufluß ausgesetzt,
dem Fraß in abgelöster Haut, dem Drängen
nach wohnlichen Zellen. Es soll hierüber auch
der unermeßliche Himmel ragen. Was stutzt du,
mein zarter Freund, mein Blautopf, Teich,
perfekten Betruges selbst satt, die grüne Decke
zerrissen. Ein Trichter, ein Sandloch. Jules Verne
hätt hohe Lust an unserer täglichen Reise
zum Mittelpunkt der Welt, da unterm Fuß
wegbrechen die gerad vertrauten Stufen.
Der Zimmermann des kommunalen Wohnbetriebs
zieht nicht noch mal zurück den Antrag.
Australien, meint er, sei ein keuscher Wunsch
für einen deutschen Handwerksburschen.

Die Art auszuharren

Was nachts ums Haus geht, ich will
das nicht wissen oder doch, wennschon
es genügt ja nicht, Dunkelheit
hat keinen Punkt für meine lauernde Kraft.

Was drüber und zwischen den Gebäuden
zweidimensionaler Stadtschaft,
bringt kaum Gewinn, hebt keine Lust
aus dem Tresorfach innerer Schweiz.

Was nannte ich Einsamkeit
im vorigen Vers, was nannte ich Schmerz.

Geschmacklos ists,
kennt keine offene Ader,
die bloß noch ein Daumen schließt.

Gespräch ohne Ende

Leser: Die Zerrissenheit ängstigt mich.
Schreiber: Die Fahnen blind, die Zeichen
            abgenutzt, die Losung
            gleicht sich Tag für Tag.
            Soll ich dessen Ende singen?
Leser: Gib mir mehr Sichres gib mir Trost in einem
                Entwurf.
Schreiber: Glauben ersetz ich nicht durch weiteren
                Glauben.
            Setz Fuß vor Fuß, hör auf, zu loben das
                Gleiche,
            lobe die Wunder, die Orte ohne Namen, die
                Zeichen
            ohne Sinn, lobe den Keim, das Heben
                erfundener Schätze
            – diese Wut.
Leser: Schweig deine Frasen ins Gras ins Kissen ins
                Bild.
            Schweig vom tausendsten Traum.
            Schweig was steht soll ich treten.
            Schweig Dreckskerl ich habs doch gebaut.
            Schweig Lügner ich hänge die Fahnen doch
                auf.
            Schweig von alltäglichen Zweifeln.
            Schweig von deiner winzigen Not.
            Schweig dein Grau fort vom festen Weg.
Schreiber: Laß nur die Nacht mir,
            unberührt die dunkele Luft,
            Das Raunen den Bäumen,
            den Schritten den Hall.
            Laß mich weiter probieren

den tausendundersten Traum
bis zum pathetischen Opfer
oder zum hörbaren Atem des Rückzugs.

Leser: Kapier ich nicht und wennschon – du bist
toll von Grübelein.

Schreiber: Kaufst du nochn Bier?

Die dunkle Musik,

ein Zufallsgewitter, grünschwarzes Flimmern.
Erwartest es, Hafen, wie Schiffe:
die Ankunft des Eises, erwachsenen Bruders,
die Ankunft, unter dem Schwarz, vergangner
Flottillen, den Zufall der besseren Sicht:
Land.
Als strömte ein Rinnsal, als sprängen
Forellen im Grund.
Verlernt sind die Namen der See,
Erinnrungen bleiben und raunen
als Ebbe und Flut: warst niemals,
bist niemals dort. Die Eltern verlogen,
die Landkarten, Wände bespannt.
Gespinste, so alt wie die Menschheit
das Ziehen, das krampfhafte Sehnen.
Ahasver – ach was, taufe dich selbst,
schmeiß hin den Zitatenschatz,
den Weltschwamm, gewissenlosen.
Und Tantalos? klingt es und sirrt,
das Gebilde. Zweige schnellen zurück,
ein Bodden verflacht, gemischt
aus steinalten Salzen und scheinbar
lebendigem Wasser,
Absud aus Göttergedanken.
Genieße dein schattiges Sein.
So tändelt das Seelchen verstiegen
nach Düften im Wind, so gehen
die Kinder, bleich in der falschen
Beleuchtung, einander in Parkauen nach.
Ich greise, mit blutroten Ohren, wünsche
noch Teil, das Bißchen, das Nu
– Geseire, aus Sacktuch. Die Kippe
erobert die Stadt, bildet sich Leben.
Die Orgel sandgefüllter Flaschen pfeift,
Genuß der Herren des Rostes.

Die Horizonte tanzen, betonierte Schemen,
voran ein glühendes, fettes Kind,
der Kreis, das vollendete Rund
gibt Anfang und Ende schon vor.
Inzwischen das schüchterne gläubige Leben.
Nicht wahr, Gott? du wartest wie ich.

Die Liebe fährt weit übers Meer
und einmal, da kommt sie zurück.
Doch leb ich dann lange nicht mehr,
und das ist mein wirkliches Glück.

Entschieden frühes Jahr

Mild sei, behaupten die Ohren, der Milchton
des Glases — wir heißen es Luft, sie
sei gelinder, sei weicheren, sanfteren Streichens
vor unseren Karren gekommen.
Vernünftig, sprech ich es mehrmals nach,
streiken die wählenden Augen beständig,
steht das Verständnis in mir
auch blutig dagegen, das Ahnen, die Sprache.
Was tu ich? den Leib geb ich schon
vor die Tauben wie auch alle Lieder,
wie diesen Sinn.
Sonst klag ich und ruße,
verfaule die Bauten, vergraue das Scheinen,
verkauf jedes Lächeln in einer
der teueren Städte,
in einem verfluchten Gebäude Gewissen,
in, deutlich den eigenen, wahrengen Straßen,
in diesem heilloser, stumpfer, der qualvoll
verschwiegenen Mütter und Väter Land.
Ich kann keine Heimat benennen.
Mein Haus ist die Zeit, da leb also zweifle ich an.

Trinklied nach Klopstocks „Geschmack"

Mag die Schüssel denn stehn genau so
In der Blüte wie ein mechanischer vorgang
Oder selber einen blutigen leeren kopf
Jenes maertyrers enthalten der hier rumsasz.

Doch des hellen Pokals rand netzt gesoeff
Welchen Berg werk mir, schafott, stets reichlich
Geben, wie die suendflut ueber saat und ernte
Oder blinde blecherne bettler spucken ihn aus.

Trink ich, schlürf ich mit grausamem zug
Zwar mit weiser art des genusses, der kult um
Evan bleibt jedoch im ganzen schmutz, den sueszen
Jüngling. kannibalen beschneiden ihn unterm tisch.

Durch mich sprachest du aufgedunsner alkoholiker
Bildlich, da ich gerad fieberte, gerad starb
Aber Male mich anheben liesz vom saft
Und lallend die verbliebenen tage genosz.

Keine Schmerzerei

Keine Schmerzerei
hebt obern Kieferteil
vom andern nochmal ab,
kein spielerischer Schrei.

Gepflügt die Brache,
neue Lügen blühn schon
warm und bunt.
Ich jubilier und lache.

Baudelaire, mein kalter Pate
wurd schon vom Überdruß
getrieben zu den
eigentlichen Taten,

und ich erschöpfe
Reste Bluts
aus dem verschenkten Fleisch
in Schnellkochtöpfe.

Heute

Gestern segelten auf Tropfen
alle weichen Augen, gestern
stieg ein ältrer Herr zum Fenster rein,
die Weisheit gab sich fort, gestern
fragte ich den Sohn
nach seinem ersten wortereichen Frühling,
zungengrün verstand er schon die Lust,
sein Bett das weiße Schiff,
es schaukelte schon sacht
in einem Traum, der gilt.

Ich ging dem Aiwasowski-Meer
der reifen Fantasie auf Grund,
es wog die Nacht ein neues Kleid
wie nur das listig schmale Monde-Äugeln
nichts, ich zitterte davor,
bog auf, verdrehte mein Gerüst
zum unverbauten wölfisch freien Sein.

Ich liebe Spanien ungesehen als Musik,
ich taufe meine Yacht
auf meinen Namen, knall die Flasche
vor den Kopf, zu nüchtern steht
mein Unheim auf dem kahlen Grund.
Der Frühling hat seinen Beton
von gestern nach morgen gerettet.

Der Mond ein Treibeis über der trockenen Stadt

Dann Ende der Kopplung,
gefroren der Bildschirm,
die Maße, die Takte.
Tod ist ein langweiliges Wachstum.
Er kennt keinen Ort, kein Gewicht,
den Druck nicht der suchenden Finger.
Die Vorwürfe dröhnen heran, warten
die Bräune ab, Bleiche, das Licht.
Es sind aber Reiche, Königinnen
schwingender Hüfte. Es heißt aber
gleich, flieht, entschlüpft
aus neuen Namen, die ich zu erfinden
antrat antrat.

Es müssen Jahre vergangen sein,
Ufer bestiegen, besungen, verlacht.
Elektrischer Fischzug, Feigheit,
wo ich erblinde, mich blindsauf,
mich ferne, mich sterbe, mich grabe.
Aber im Dunst über dem Flusse
zieht sich ein Schicksal zusammen,
zögert das Publikum über dem Schaufel-
rad noch, hebt schon die Hände;
die rosa Innenhand der Affen.
Erschütterter Stolz, verhöhnter Ruf
nach Großer Fahrt und Hoher Liebe.
Erwach ich, veracht ich noch immer.

Geschlitztes Ohr im Himmel

Ich werde nicht gerettet.
Mein Abend bricht an.
Die Wohlmeiner treten ans Lager,
erfinden Sätze vom Suchen
nach mir. Ich falle
heraus aus dem Plan, gehe
zu Müttern voriger Reiche
hin, falle in schöne
Geflechte Sprachlust, Wollust,
Gerätschaft anzubeten.
Ich harre aus und tret
der Frau entgegen und schweig
ihr hoffnungsgleich und bin,
von einsamer Raupen
gezeugter Seide doch so leis
umgeben, umgebracht. Ich bin
ein Torso, Kindsleib,
beschränkter Steinschlag
auf deinen Kupferschopf
zu. Zeige mich an. Lauf.

Großes Quartett

1
Zeitweise Form der Beschreibung

Kurzes aus Holz und aus Weiß
Schwarzer Binder Frühlingskranz
Heiße Musik und der Schwanz
Stolze tanzen im Kreis.

Die war eine blasse Nacht
Mit Mord an Mutter und Vater
Und sah die blasse Stadt
Gelangweilt Suiziden zu.

2
Ambrosia

Ich stieg als Lampenlicht
Der warmen weichen Form
Zu ihrer Höhle nach,
Besucher ohne Reim.

Tag wird wie im alten Liede
Mütter drücken helle Brüste aus
Die Landeswangen sind lobesrot
Geburtenziffern töten den Tod.

3
Komplexkurs

Jedoch ich liebe den Tod
Das stete Gegenteil
Und Fledermäuse lindern
Den Traumdruck der Nacht.

Ich schreib schon ab
Ich stehle toten Meistern
Die Zunge und
Beobachte mich dabei.

4

Absurder Vorgang: Beruhigung

Der Hände Knochen am Schädel
Knöchel am Schläfenbein
Gelenke knacken:
Anatomie der Depression.

Fünf Fernsehprogramme wieder
Und meines Sohnes Ahasver
Waden in kaltem Wasser
Gegen das Fieber.

Anna Achmatowa, ein Gedicht für Sie!

Wir könnten Sie ununterbrochen zitieren.
Gewonnen hätten wir nichts.
Die Trauer gleicht sich inner- und außerhalb
des Krieges. Die Stufen sind ewig
— zu denken über der Welt —, dauerhafter
als das Leben selbst.
Zitiert — wie rote Farbe Blut. Was bleibt,
das Hintergrundstrahlen im endlichen All.
Wie sich, Dunkelnebel, das Gedicht
abhebt, das Zeichen. Konzentration
einiger Gleicher, einigen Gewissens
in oder vor einer Großstadt (letztres
die Nachtfahrt, schwarzer Baumriß, Ruhe).
Sie sehnen sich — doch wir sind erwachsen.
Wir könnten Sie ununterbrochen zitieren,
wie Stolz wird, aus Demut.

An einem rosaroten Schweineband

für H.-J. Scheib

(auch Hundeleine, Draht und Zugzwang)
durchfiel ich eine ferne Zeit,
und unerhört die Mischung:
Schweigepflicht und süße Gurken
mit Belag aus toten Witzen jener
Angehöriger der Anhangsdrüsen
von Organen. Mein feines Sinnen
von den Wurzeln her — nie unter-
brochner Strom. Ich rage in das Dunkel
aus. Mein Weg ist Klang, Sang,
knappe Fügung, Bruch und stummes
Hohlwegzeichen, spielerischer
Wörtleinwimpel reich Gefilde, Schein
von Fernen auf dem Glücks-
Betonhof. Subversions-Spektakel
inszenieren fette, schwule, ab-
gewichste Streuner, Schieber,
Aftersänger, mehr und mehr
der Mauersucht Delirien sanfter
Freude abgewinnend. Meine Wurzeln
ragen in das Dunkel Sprache,
schöne feuchtgrün untre Kindheit,
Mutterhintern, rauhe Haut, das
nur Sprache, mittelmeerisch, anden-
grabensch, Frischimport tektonisch
junger Zonen, das nur Sprache vor
dem Ausbruch, Beben in dem scheinbar
geodätisch angepflockten deutschen
Zuchtforst, das nur Sprache,
Wehe und Schrei und kicherndes Kind.

Flüchtiger weiblicher Schatten,

ähnlich dem Finger des Baumes,
sicher im endlichen Sturm dieses Jahres
bin ich dein Helfer, dein Weg.
Aber, du wehst,
es taumelt das gelbe Gelichter
des fast erloschnen Berlins.
Sicher jetzt bin ich
inmitten des wankenden Alls
jenes Kerbtieres Mensch,
im deutlich vom Finger der Mutter
berührten, aufgehaltenen Gehn;
während die lauen Genießer
selbst erlogner Überzeiten
noch krächzen und schon
schrumpfen, zerfallen in ihrem Lieblingsbeton,
dem Sabberpaternoster:
verkennen das Kichern der großen Bacchante,
der Spötterin Natur, die zum Tanz
geladen ihre Kinder hat
und die Türen sprengt
und das Blech biegt
und den Totenmasken entbietet
ihre große Verachtung.

2

(Bornholm)

Dröhnende Länder

für Erling Weise
und Steen Bille

Landkartenreiche.
Schillernde Kriege Landkartenpfeile.
Revolutionen noch und noch – Fahne,
Flamme und Ziffer das Jahr.
Wie lang ist es her, wie weit
Erinnerung richtet.
Alle deutschen Namen spielen Kasper
und Gretl in mir, italienern herum.
Die Freunde von morgen erscheinen
als Löcher im Zollgesetz.
Die Freunde von gestern verleiten
die Bilder zum Krieg
im Schauplatz Gedärm, meiner Seele.

Dröhnende Länder Landkartenfarben.
Europa, grüne Muschel mein,
darin ich die Züge bewohne,
schaukle von Rand zu Rand.
Das süße, das flache, mein Weltmeer.
Fremde, Farben und Worte,
auch sie steigen ein, mit Gesang,
genießen die Zeit, die aufgespannt
im Rücken des Tabus.
Wir schweifen aus
in Mohn, in Korn, in Rausch.
Ich flieg einen nördlichen Sonnenbogen:
Kopenhagen, Århus, Bornholm. Aber bald.

Zitat vom Gott der Stadt

Er reckt sich zum Himmel, sein Nabel
erbricht, ragt auf, das Gewölbe
des Bauches schliert wie ein Fettfilm,
an Dächern aufgespannt, den Kronen
noch zuckender Bäume, der starren
frühmorgens drei Uhr.

Gerad heil ist der Taumler geblieben,
verläßt er den dreifachen Frieden
der Sprache, wo Wahnsinn stimmhaft beginnt,
die Endzeit gelöstes Problem,
das Fehlen von Trost den Sehnsuchtsmotor
betreibt. Gewaltig zitiert sich der Gott.

Und stößt das warme trockne Männlein
vom feuchten Schlund sich hoch,
eröffnet eigner Hand die Elendsschleuse,
wächst doch nichts im beweglich
und fruchtbar schimmernden Schlamme, nichts
im Schein der heiligen Visage,

die schweigt, versucht durch Anwesenheit.
Den ficht keine Lüge mehr an,
dess Glieder aus Vorzeitbeton
lähmt keine Erwartung. Es quillt
die Sonne, Schwamm noch, aber doch
zu diesem Horizont herauf.
Der Weisheit frei zur Nacht gewordne Blume
befehlen keine deutschen Tage fort.

Nachts in der S-Bahn,

dem Pendel zu Nachtmahr
und Ausfluß, schreit
aus der Gärung ein Nichts,
verpflanzte einsame Herzen,
unglaubliche Arbeiterlungen,
die pumpen Berlin sonst.

Ich liebe sie nicht, nur
meine Brücken, Metall,
das klingt und Eis, damit
sich die Häfen schließen,
und Fragezeichen aus Stämmen,
rußenden kahlen Stämmen
über den Werken.

Sonst schweigt
das Grölen und ödet
den Eisbarren-Bahnsteig,
aber zwei Kinder mit bunten
Locken geben ihre Mädchen
in den Zug und der Tod
zögert, wie es Gesetz ist.

Herkunft

In Schweigen oder auch Schwäche gelaufen,
um ein Haus, um Bahnhofshallen herum:
Seliger, eitel in Sehnsucht und Trauer,
Blume des Abends: blaß, doch ein Zauber.

Es schlendern so schüttere Sprachen,
Gestalten geronnener Vorzeit herum:
Heulen und Zittern, Halmbrand drunten
im Reichsbahngelände, Rostbrückenbögen.

Sie schauen dich an, schillernden Auges,
Ölfilmen gleich, öffnen die Brände herum.
Die Elbe brennt, der Kupfergraben
oxydiert opernhaften Gelärmes. Ordne

dein Haar, Hydra, dämonisches Zimmer,
Strand meiner gestrigen Liebe. Rings
Festvorbereitung, Frieden und Singsanggebeutel,
rumoren zauberhafte Zeiten.

Lachende Alte und Spielplatz

Wie das Bild einer Wiese
des Clowns aus dem Zirkus Heller,
wie das namenlose
große Blatt zum Geschenk
und die Steine unter der Haut
— zu weich und zu fett —
und schwachsinnige Großmütter.
Komm hervor aus der Kohle,
komm Trümmerbergfrau
aus dem Schutt, stehe auf
als vergebene Träne
wie nach dem Regen die Fenster
und in Staub, Blume
gezeichnet wie vermummt
auf dem schweigsam belebten
Platz als Frost, ungebeten
wie beliebiges Hellerwerden,
doch unerwartet bis zum Heft.

November sagst du, dunkelster Monat

Draußen, in dem Raum, der nichts sonst ist, stehst du
und wäschst dich. Ich hoffe sehr, daß die Feindschaft
der kahlen Wände dich nicht zum Widerstand zwingt,
dem meine Wärme noch nicht gewachsen ist, zu deren
Übung ich hier zwischen den fremden und den eigenen
Sätzen steck. Aus deinen kalten Gliedern dann quillt das
Mißverständnis, und ich habe Angst. Aber Platon läßt
Aristofanes sprechen von den halbierten Vierfüßern,
den runden, den schnellen, von ihrem Wunsch nach
Wiedervereinigung.
So nimm mich bitte
in deinen näheren Kreis.

Frühdämmern

Dämmern zu früh, und platte Tage,
sie gehen so leicht, so ohne
erhofften Widerstand ins Bleiche,
Gebirgsvorland berliner Nacht.

Was täuschen sie
mit Wiederkünften vor;
was glauben wir, und immer?
Das eingepreßte Siegel

in meinem Kern — wie alt
läßt der mich werden, starren;
wie alt ist mein Geschlecht
des weißen Mittelmaßes?

Grabt es aus! mir fehlts
an Instrumenten und Geduld.
Grabt aus! woher
das Blut an meinen Händen?

Doch nicht aus diesem Leben.

Die Krähen und Möwen

drehen sich nah beieinander.
Aus Haufen ein Raster, aus Schwärmen ein Muster,
ein schwarzes und weißes Stück schmutzigen Himmels.

Was meinst du, wie rührt mich das an —
was mach ich daraus? Hände in Taschen,
am Morgen hin zu den lauernden Worten,
entronnen der bleichen, der Wärme der Nacht.

Und jetzt so ein Mondbild (Gilb gegen Blau)
und RIAS: Die Schadstoffkonzentration besonders
erhöht im berliner Raum (und was für ein Räumlein
des spitzen gerichteten Lebens; zur Tat! du mein Volk).

Mit lyrischen Bildern behangen, eröffnet,
so stehn mir die Horden der Häuser, die Tiere,
Motoren der mistigen Busse, vögelfütternde
    Altersheime
im Kopfe kunterbunt. Ich schreite! mein Lieb,

besinge dein rotes Gesicht, deine Form und,
verzeih es (fürn Leser: sie ist nicht katholisch,
sie tut ja nur so), vermahle auch bißchen Knochenberlin.

Die Türen der Fleischer, die dampfen,
die Brote von BAKO, die duften, die Möwen,
die schreien, die Dohlen erblassen vor dröhnenden
    Drachen,
und alle sprechen mit mir, doch das, all das

ist Zufall, ihr Herren Minister, Zufall,
mein lieber, du Wachmann am Staatsrat
(das Zuschaun dem Schwan in dem Spree-Eis,
das Zuschaun beim Sterben ist Zufall).

Nachtvisage

Rattenfell, grausamer Spätfilm,
Heimweg umschließend, wiege mich ein.
Wagmut soll schlingern, Blick gibt sich
stumpf: Mein Blumenpferd hat seinen Müll
im Container, Paradmärsche schweigen
papperig still; so krümmt dieser neue Tag
seinen Finger, zahnloser Schlächter,
heimlicher Würger, Nager und Kuß.

Mach ihm mehr Rhythmus, bereite ihm
sacht seinen Schmerz, verlangt ers doch so.
Du sei nicht so kleinlich, Garant
eines schleichenden Friedens, hole uns ein
vor dem Tor zur Langeweile, erwachs uns,
tragödisches Freundchen, Satan im Reifrock
— du Anklang verlornen Jahrtausends
auf unserm geschichtsfreien Acker: der Gaul
läßt sich gehen, verlasse dich drauf.

Zum Bluten der Wunden muß es nicht kommen.
Blaulicht macht grinsendem Volke
ein schmeichlerisch Schattengesicht, der Tanz
geht uns ein (zum Schritt kommt es nie).
Es schweigen die dreckigen Säufer fort
an toten Pumpen der schleunigst vergessenen Zeit:
nur noch ein innerer Traum einer einzigen Stadt.
Die Stille trägt Namen, das macht sie so laut,
das macht sie vertraut, drum baut, aufbaut.

Außer den Städten leben

Mit Daten und Fakten
gleich Blattgrün
und Nadelblau, Holzbraun.
Mit Tod wie Winter
kahl, wie ein Himmel
nur sein kann,
karg wie ein Rinnsal
und schön. Fahr-
karten rascheln alt
wie alte Haut
unter den Schritten
des rastlosen Herrn,
der geht schweigend auf
und geht schweigend
umher in dem Raum,
der farben sein muß
wie Irlands Natur
ist – Jemand beschrieb es:
Grün hilft Schwarz
gegen das Blaß.

Der Grund

Ich habe mich herumgetrieben.
Hätte ich einen Vater, ich sagte ihm:
Vater, ich habe meine Zeit vertan,
ich sagte ihm: du hast deine Zeit
vertan, deine Kraft, den Puls.

Ich treibe mich herum, Vater,
spreche ich auf die Vorstellung zu,
in einem deiner verlorenen Reiche;
dein Haß ein schwächliches Zittern.

Ich treibe einen Stollen in die Mutter
Berlin, ich schließe mich ein
ins Netz der Gewässer, das Strömen
der Stadt, die den Strom mißt, nachts,
aus Scham. Mutter, dein Schweigen so lind.

Ich weiß nicht, warum von den Worten
nicht zu lassen ist, was ich es zugeb,
das Ausgedachte, warum ich dich wünsche,
Vater. Ich verstehe nicht, wie ausgerechnet
Sehnsucht nach dem Andern bindet.

Haß auf Gelegenheiten

Augenlos die Melancholiker
der deutschen Art, das sinnenlose
Blinzeln: sagt dir denn der
Knochen nichts (die obern vordern
Sprünge an der Hüfte des Geliebten)?

Im Sonnenbad der Stauballee
in Hast der Intellektuelle (Muse
ruft: der Tee steht auf der Flamme),
daß es etwa zehn gelegentliche Feuer,
grüne, gar nicht gab (Idiot!).

Und kahlgeschorner zarter Hinterkopf
und Puderquader, Grüner-Apfel-Hände,
Zischeln von geschliffnem Glas
im Läppchen eines feinen Ohrs.
Das Licht schafft 24 Stunden.

Der übersiehts. Spaghetti
wie in einem Interieur zuhaus
bei seinen Eltern, ehemals die Warnung,
jetzt romantisch, fernsehreif.
Hält es alles aus, schreibts auf.

Gelegentlich die Schwellung
in der Körpermitte fortgeschleimt,
Schönheit metrisch fix und je
nachdem ein Bad, zur Not in Wasser.
Weg zur Weisheit, Plattkopf.

Versorgungs-Rondo

einem vermutlich indifferenten
großberliner Gewässer zugeeignet

Aus der Stille meiner Hochzeitskutsche
tritt der Faden immer in das Licht
ein und nährt des Völkchens brav Gelutsche,
nur sein Ende ahn nicht einmal ich.

Eschengraben, grünes Kaumgewässer,
heißt das Rinnsal, doch sich selber fremd.
Irgendwo beginnen Röhren, Fässer
aus Beton, der mir die Flossen klemmt.

Andern Märchen nach speist er den Brunnen,
ohne den Berlin versiegt: Gerücht.
Festgelegt sind immer nur die Dummen,
tritt der Faden wieder in das Licht.

Ein schönes Gedicht

Ein Fuchs und ein Brauner ziehen den Wagen.
Ich seh es nicht oft, die Augen verdrehen
Nach innen. Ich sehe so wenig, und neben
Dem Manne das Kind in der Decke schon gar nicht.

Das Hinnehmen, zahllos, gelitten alltäglich:
Die Unrast vermeintlichen Sprechens;
Der Knebel, im Stadtschmutz zu taumeln;
Gebührender Abstand des Freunds zum Geliebten.

Es meint doch ein jeder der Herren, die Schulden
Ein anderes Mal zu begleichen, es meinen
Die Kinder, das Kätzlein hätt Tausende Leben
– Und doch sinds nur sieben, die frei sind.

Ein Fuchs und ein Brauner ziehen den Wagen.
Statt aufzuspringen, muß ichs ertragen.

Die Eruption

Deutungslose Symbole erbauen
den Konservativen, den Taumler.
Vor dem Frühstück betritt er
die Watte, Geleise bereits, die
stumme Gewohnheit Aufbruch
alleingebliebener Mütter
(dies Erhoffen, und immer, im Blick).
Über Granit und Alpaka,
den hundert Jahren Straße,
weht eine Blume herauf,
bewußtloses Stück der Anderen Seite,
hält sich, rötlich, und schwimmt so,
gekreißt in Profanes, in Dünste.

Der Ersatzleben eines

Mit winzigen schweißigen Gliedern
bewegt sich das Tier durch die Wüste.
Gebilde, im Schmucke der Narben
von selbstischen Bissen die Kruste.
Und wie es sich spiegelt! und anbleckt
Beleuchtung und Höhe des Abends,
das Summen der fahrbaren Nacht
(voraus, im Kontrast fast erhaben).

Ein Niemand erschlägt es (noch
ists nicht reif, an der Zeit, ihrem Rande).
Ein Niemand legt es in Bande.
Die Sehnsucht des Schwachen, sie schwillt noch,
in Kinos das Kraushaar der Geilheit.
Das Miststück Moral nennt es Schande.

Die unerwartet große Welt

1

Drei Menschen links, ein Bart
von rechts, und in der Mitte
erbebt ein zartes Mädel zwischen all
den Sprachen, Müttern nachgeschwatzt,
die fern von Deutschland webten.

Wie schaut der Kleintierzüchter drein,
umstellt von ein paar Meilen
im Quadrate mehr, exotisch klingen
ihm Karnickelrassen, vom Milchwald,
Stier- und Hahnenkampf zu schweigen.

Es drückt das Welttheater
im Kongreßhaus Alexanderplatz
die Angstschweißpfötchen jener
weltabgewandten, gierigen, scheuen
Macher aus unserm fernen Osten.

2

Doch eifre ich zu Unrecht,
sitze, glubsche, taub von Namen:
Brecht in Peking, Heiner Müller
im Schwemmland bei New York;
und so viel Russen von Gewicht.

Ich schau der Liebsten zu,
dem blassen Kind, erglühten.
Sie wälzt die Sprachen, Namen,
Daten und steht so schön –
Madonna vor den Pfaffen.

Heimkehr ins Gehäuse

Die Zeit ist um Gethsemane, Zeit
des Abschieds, des Risses
durch Familie und jüngste Liebe.
Die Zeit ist eine dichte Stadt.

Nur Spiel, das gilt, kein Weinen.
Die Bälle von Spott vertan,
unkonzentriert die Uhren verglichen.
Den Hügel drückt das Gotteshaus.

Die Zeit ist um Gethsemane, um Herbst.
Aus Rascheln Raunen, jetzt der Gruß
begieriger Gemeinde. Mondenstrahl,
gleich wieder, hebt das Elend auf.

Platanenwald die Nebenstraße,

wunderbares Versteck in der Dschungel.
Getränkeladen, Bäcker, nahe Seefisch.
Die zwei gehen kaum aus dem Haus
und wenn, verschränkt und unerkannt,
Arme und Lippen, wenn, dann leuchten
zwei bleiche Monde still in den Lärm
der Kinder und Mütter, des Ziegelfalls
vom Baugerüst. Zwei Tauben, seltsam
hell in dem wirren Zittern rings,
die Augen ineinander, zarte Brüste
und das reife Schmunzeln. Meerkatze
Eines, Orang das Andre, heller Flaum
und dunkles Fellversteck. Einander
nicht lassen, tanzen geräuschlos
und schwingen. Mit einer kühlen Flasche,
Tabak und warmem Brot zurück,
hoch in die letzte Etage, durchs Dach
in den Garten. Die Waisen
vorm Rauchfahnenhimmel, vor Blau
und Gerüchen verbotener Weite.
Mein starker Vater.
Meine wunderbare Tochter.

Bornholm I* (sentimental)

Es gilt Vermischung, gilt
ein helles Färben, warmen Rost
nach Pankow hin (ein Graben,
ein Flüßchen, Markt, und später
der Schießplatz an verbogenem
Chausseentraum). Der Alte scheint
Vergessen, Vorkrieg, Rumpelstilz
zu heißen. Vierkantmaske,
drahtne Wildnis hält
natürliches Gebaren: Draht
vorm Mond – das sprach mein Kind
längst aus und hob nichts auf, hegte
den Grundstock nicht, den Stamm
für weise Geschlechter (tote
stets, wenn es drauf ankommt:
Verschweigen und Dulden, Schielen
nach innen). Wer sah ihm zu,
im laubgesägten Neubarock
sein feste Burg verrammeln,
die nicht verkauften Blumen,
deren Namen auch nach täglich
Fragen nur verglühte Meteore
bleiben, wenn das Stadtkind
noch dem Sinnspruch ohne Seele
anhängt, nachrennt, sich zu Tode
schwingt. Den Zaren
das Wasser aus den Plasteeimern
in dröhnend Faß und Tonne, Wanne
ausgießen und noch andre Schlüssel
kennen sah nur dieses helle
Tier, Baumschwarm und Nestflucht,
reich wie niemals wieder.

* Bornholm I: Teil der Kleingartenanlage „Bornholm", direkt am Grenzübergang
Bornholmer Straße nach Berlin (West).

Blattabflug Bornholm I

Ein warmer deutscher Wind, paar
Minusgrade, lautlos senkrecht
die Barrieren zwischen Dasein,
Existenz und Leben. Sprachwald
in den Karos grauer Zäune (Rost-
schutzfarbe, rote, unter Lacken).
Tief der Blick schweift, steigt
auf Züge Richtung Norden, Meer
und Buchenwälder buchtiger Inseln,
Schreie, Raunen, grüne Nebel.
Einmal hatt ich es gesehen. Jetzt,
im Aufwind, schales Stadtblatt
eines Obstbaums, blaker Ast,
Gelb vom Schwarz her, feuchtem,
blaß mein Lieblingston, der Aster
Violett ganz kalt im Feuer, still.
Es hebt der Wind, vom Osten weg,
als Fänomen, kontinental, erhebt
das Lichte, zaudert noch, verästelt,
Farbton herkunftslos, wie Klänge,
Dichtung zur Geburt des Menschen:
über die Geleise, frostfrei stadt-
wärts, Pfeifen, Johlen, Hohlschliff
auswärts, wo das Eis besteht und
stinkt und auslacht (Ewige Natur).
Der Schwung übern ehemals Zaun,
Zögern vorm Betonweiß, Frischkäs,
schattenlos und antibabylonisch
Türmen, Licht elektrisch, um
so heller in so klarem uns
Verachten. Die zerschmissnen
Scheiben dann des Bahnhofs ohne
einen Halt (wann zerschmissen, wem
trat funkelnd das Blut in die Augen
und quoll in den Schläfen: zu

sichtbar, zu schwach, gerad vom Leib,
nicht Höhe genug), aber Aufwind,
Entschwinden. Hinüben fällt dann
Blatt zu Blatt in nährreichen Tod,
den Humus
eines westberliner Schrebergartens.

Die Krankheit im Frieden

Vortrag zum Geräusch
einer psychotherapeutischen
Rhythmusgruppe

Schnee und Regenglocken, dumpfstes Läuten,
Straßen käuen wieder, Höfe lärmen, Eisen sammeln
Reservisten aller Kriege, die nicht enden,
Fragen stellen alle Kinder, alle Bäume triefen,
Anfall kriegen alle Liebsten, irrt
die Staatsanwaltschaft, ändert sie Gesetze,
Alltagsmorgen flucht auf Herrn im Frack
mit Kummerfett im Haar, das glänzt wie Lack,
gestrichen wird vorm Frühjahr nicht, Offerten
faulen an den Säulen unerkannt und neiden
dem ganz unscheinbaren Kinoblatt Beschauer,
Schwule stehn vorm Pissoir in Schlangen,
suchend geht die Unschuld zu den Freiern,
todessüchtig atmet man die Stadtluft, sucht
man Krätzebetten auf, krault Läuseköpfe
seiner schulisch starken kleinen Kinder,
Kohlendreck und Straßenkater springen
vor dem Fuß und wiederholn, was lauter
viel zu leise meinte, der sich endlich traute,
wärmte, zur Besuchszeit kranken Schwestern
schlanke Stengel roter Treibhaustulpen brachte
und gedruckte Malerleben, Schmerz und Freude
drin zu finden, dieses Beieinander, meint
der Fälscher, eben nur geduldet, mache Mut
im Alltagskriege, wenn du nur die Waage findst;
verrenkt den Hals nach Jugendstilreliefs
und reißt im Kopfkrampf die pauschale Losung
von dem unbewachten Hause ab, und rennt, ist nichts
im Hirn, Gesträhl von Schienen, Wirrwarr,
Mastenstadt, Schönfrauencity, Rotkopfort
und Hundsdreck, Regenschleim, dumpfres Läuten
        steigt,
Sirenenmittwoch – Friedensfeier,
renne, Toter Mann, stürz hin in Feuerpfützen,
feuchte Schächte, Kaufhallnrippen, flüchte, Dieb,

der Augenblick hat seine Hoffnung, die verfolgt
den eignen Schwanz, und Wortspiel, sagt man,
Lappen einer wüsten und brutalen Sprache mitten
im Oasenkontinent, und Aschsturm brennt
(Nasses Laub klatscht dich jetzt taub);
Ambivalentia, Göttin des Lands und der Zeit,
dieser Stadt in deinem Brummkopf, Freundchen,
lädt zum Tanz genormte Affen dir nach haus,
Betonhofschneesturm, Frühlingsmelodei ins Weltend;
ha! du hast getroffen, Rock'n Roll Kind, Schlaukopf,
Eiterbeulenfetischist, im Leichenschauhaus eine fette
Scheibe Lebensblut, wie Gründerbauten braun
schon mehr als rot, ein gutes Menschenalter,
nur zwei Kriege; schließ den Knopf mal schnell
und steck den Zopf ins Hemd, sonst fettet er
den Jackenkragen, kram nicht in den Taschen rum,
füttere den schwarzen Schwan am Weißensee,
jetzt holt dich keiner mehr, du lachst,
den Bullen kannst du eine Nase drehn, erzähle das
bloß keinem, ich mache mal ein Bild von dir,
weißt ja, die blöde Verwandtschaft, die Freude,
nein so eine Freude, du weißt es ja.

Das Wunder

Mehrere Automaten
durchstreifen die Gegend
am Helmholtzplatz
(Erhaltung der Energie
durch stetes Gebalge
von Hunden und Kindern
— in rehbraun Mutterauge
gespiegelt — o Helmholtz).
Mein Sonnenschein
streift eine alte Automate.
Sie brabbelt und wendet
sich an mich, die alte
Automate: „Schöne Sonne".
Ich gestehe,
dies sei ein Wunder.

3

Ein Gruß

In den Zügen kommt, auf den Straßen galoppiert, über
die Weinberge fliegt, durch die schlammigen Flüsse
schnellt, über Kirchen und Domtürme schreitet die heid-
nische Gottheit,
die Schwester eines Gottes, der Bruder eines Gottes.
Wir sollten die Feuer entzünden.
Wir sollten singen auf den Bergen.
Wir sollten uns diesen Höllenspaß erlauben, die kargen
Masken hinzureichen in den Ämtern, hinzuwerfen vor
die Ämter in allen Städten und Flecken.
Wir sollten jene Sprache wieder erlernen, die vor den
Gazetten und Kameralügen lag, sich den Bauch hielt
und lachte.
Ich bin nur einer der Boten.
Kommt, laßt uns lästern die Prediger des Wassers.
Wir lachen sie kaputt.

Ich war dabei

Ich war dabei.
Ich hatte Zeit.
Ich saß vor dem Fersehgerät.
Ich hab es gesehen.

Ich war dabei.
Ich wollt es verstehen.
Ich hab es nicht verstanden.
Ich hatte Zeit zu lernen.

Zwei Millionen Jahre umsonst:
Nichts zu Nichts.
Aber die Sprache.
Warum spreche ich?

Ich war dabei.
Ich starb in Babel.
Ich trat durch den Spiegel der Television.
Ich hör mich noch sprechen.

– Man spricht nicht mit vollem Mund.

– Du hast recht, Mama.

Die Tiere im Lager

Ein Stier zuerst, ganz nah, und von Geburt an.
Und wie ein Affenweib erscheint der Reiter,
der eher das gerittne Teil des Paares,
das beide Schalen meiner Waage füllte
und wippen ließ. Ich nur begriff zu spät:
Es herrscht der Stern — ich bleib im Marskanal
schon bald als abgeschminktes Spiegelbild.
Das dritte Tier die Tochter Frankensteins,
ein Bildungsgut, die Sfinx, wie sie mir heute,
und selbst erschreckt, die schwere Maske vorwies,
beschlagen noch von Atemdunst. Vorbei.
Ich bin so feig mein Schatz, und auch so falsch.
Im engen Hof ein schöner Bock am Strick,
als hätte alle Majestät des Berges
man ausgeätzt der hochgebornen Art.
Und wie soll es dem Frosch ergehen hier,
wenn fortgehn seine stolzen Königinnen.
Sie gehn. Wie kommt dies Land zu soviel Adel,
daß ihn es exportieren kann. Allein,
sie gehn. Der Baum fragt nicht nach seinen Früchten,
der Baum, in dessen Schatten Griechenland
als immer wieder andres Tier erscheinen
und wuchern kann mit seinen Tropeninseln
und seiner Ausfahrt bis nach Indien
und mit New York, den Eulen und den Schlangen.
Dies Griechenland, halb Pferd im deutschen Denken.
Das siebte Tier wird doch die Seele sein.

Was in einem Tag zu denken ist,

ist zuviel für einen Tag, denn schon
zu sehen ist zuviel, zu hören ist zuviel, zu sprechen
mit zu vielen Freunden und Fremden,
aber es sind noch zu viele Bewegungen zwischen den
    Teilen der Stadt
zu unternehmen, zu viele Speisen und Gläser Getränk
aufzunehmen, zuviel zu genießen ist,
zuviel Glück und sein Schweigen,
zuviel Quälen und sein Schweigen muß in diesen Tag,
der ein anderer nicht ist, der zuwenig
für die Lust des Einzelnen, zuwenig Stunden mitbringt,
vorbeiträgt am schweißigen Tierlein,
an dem zwischen zwei Lieben Rasenden trägt der Tag
    sich vorbei
und verharrt nicht und schüttet
Hoffnungskiesel in seine Flüsse, die grün überwuchern,
zu viele Hoffnungsalgen brechen den Stein,
zu viele Ufer erfahren zuviel,
das Umbau, Verzögern und Anderes ist, das zuviel trägt,
zu viele Stumme, in jede Richtung zu jeder Gelegenheit
    Flüchtlinge,
trägt und geleitet, Blinde vorm Treiben der Wortlisten,
Lieder in anderem Deutsch, in anderem Jiddisch,
    anderem Slang;
zuviel tobt und verspielt jeder Tag, mißt zuviel
und schmälert das Maß,
die Seilschaften fluchen in Wolken:
zu viele Lichthaken mildern den Weg zum Spaziergang,
loben die Nacht, zu viele Schenken schließen viel zu
    früh,

zu viele Besucher schneiden in dieses dünne Brot des
    Gesprächs,
hungern so wölfisch
in diesem Kleeland und Zaunland, Kuhland und Huhn-
    land,
inmitten der ganzen Geschmacklosigkeit:
viel zu wenig fliegende Fische.

Das ewige Leben

1

Mein Leib, du, mein Leib schreit.
Breit aus deine Arme, pludre
die Federn zum Einfall
der Kichrer, der Engel-Artisten.
Es ist nicht die Welt kalt,
die glättet sich nur, die schiebt
so Stahl zu Stahl und mixt,
das Kind, sich Eierpampe
(erhält so unsre Spuren);
es ist nur kalt mein Leib,
das eine Prinzip, die Halbwelt.
Komm, löse die Fesseln
zum Tanze überkritischer Massen.
Was soll er noch, der Geiz?

2

Du kennst mich (weißt der Sätze
Verkehrung), getrosten
Bewahrer eines der Siegel.
Ich öffne es schon
seit Aufschein des Lebens
alltäglich ein wenig.
Verschweig es, versprich.
Es bleibt genug noch
zum Inferno, doch wenn
du mir vertraust, so lüft
ichs weiter sachte, treibe
nur Keile mit Funken, spalt
nur Katzenaugen, nicht die Welt.

Sehnsucht

Die Ohren, was aus den Ohren ist
in der Nacht, was da wartet.
Plötzlich und dunkel und still,
Segel gesetzt auf dem grünen Schiff
und ab in die Nacht, ab
in die Herrlichkeit Nacht.

Die Nase, was mit der Nase:
Geräusche des Lebens, untätig,
stetiger Frieden, bis Ende,
die Segel gesetzt, bis Ende,
erwartet, den Panzer beiseite,
erwartet in Nacktheit.

Der Mund, doch was aus dem Munde,
ist Selbstgespräch, schönes
Geraune mit Toten, mit Wind
in das Knattern des Segels
gesetzt und umkreisend,
auch wie die Kinder.

Das Auge, was da ins Auge fällt,
frei ihm gesucht aus der Angst,
über die Dächer hinweg, über
den Strom zu dem Segel hin,
das kleine, das Beiboot,
das treibende Auge.

Ein letztes Gedicht

1

Die Seen sind offen, und modisch bewegt sich
das klägliche Häuflein, besichtigt den Draht
zwischen Mördern, bestraften und jenen,
die niemand verfolgt hat.
Und stumm oder lärmend verläßt es das Kino,
besessen und flüchtig, und kreischend
sucht Gummi Filz Blech seinen Himmel;
und Randlose, Übergangszweifler entdecken
die Gegen- und zwanghaften Teile, und du
deinen Jüngern, warum die Verdammten
nur Langweile sagen und immer verstehen,
betrügst Instrumente mit einer der Frauen;
und Stadt zeigt auch, Teilung verachtend,
ein wenig Gesicht, fast gewaltlos;
nur stur fliegt ein einzelnes dußliges Glück
vor Türen, der Fledermaus gleich,
doch kaum glaublich, vergeblich, modern nicht genug:
es schreit nicht verzweifelt, das Zittern
sind nur paar Reflexe im Grunde
hektischsonniger Fantasie.

2

Und meint nicht ein jeder, er müsse
verweigern? und feilt hin zum Hofe
sein eigenes Luftloch, klebt seine, nur seine
papierene Leiter und freundet sich an
im Taubenspaziergang mit zweitem
Entflohnen, den Hinkfuß verkennend,
verspielt und verkauft sich sofort, entfärbt
und hängt lüstern am Plastschlauch
geräumiger Zukunft, zahlreich und lenkbar.
Vergrößert das Chaos nicht erst,
der täglich zu sammeln versucht
seine Geraden und Ja's, und die Klarheit

zu nennen, und quält diese fehlende Sprache,
treibt aus jenen Text der verbreiteten Hymne,
lernt ab und betäubt sich, und glaubt
und besäuft sich, zerfasert, gelangt
mißverhaltend zum Mißwort, verwirft schnell
das letzte Verhältnis, muß bloß noch
die Sprache gebären, darin er dann lebt.

Impotenz

Leg dich hin. Zieh dich aus.
Ich lese noch ein Buch zu Ende.
Ich schreibe noch ein Gedicht zu Ende.
Ich trinke die Tasse noch aus.
Ich schaue noch, ob die Tür zu.
Ich stelle die Rattenfalle auf.
Ich gehe aufs Klo noch einmal.
Ich lese die letzte Sentenz in dem Buch
    noch einmal.
Ich lese mein Gedicht nochmal durch.
Ich sitze und schweige bloß.
Ich erfinde eine Figur.
Ich erfinde ihr eine Revolution.
Steh auf. Zieh dich an.
Guten Morgen.

Dank

für B. und T. Rosenlöcher

Drei Häuser gibts vielleicht in diesem Land,
wo Gäste, schweigend oder laut,
auf Flucht, auf Reisen, ohne Ruhe,
am Ende, Anfang, Totpunkt,
verliebt, verstiegen in Ideen,
in tiefer Illegalität, von Waffen starr,
schon lahmgelegt, in Ohnmacht vor Vernunft,
mit stierem Blick, längst eingepaßt,
verwahrlost, haltlos, Witze lügend,
in Untertansmanier sich herrlich gebend,
dreckstinkend oder parfümiert –
ich weiß drei Häuser, einen Punkt,
wo jeder Gast sich aufgenommen, sicher weiß,
auch ich mich heimlich fühle.

Loses Staubbild

Loses Staubbild, du
loses Staub, Bildnis im Winde.
Lindenbestanden Straßenland
wie keines sonst, du
außerbiografische Freude.

Verspielt

Du sagtest etwas über die Unreinheit
meiner Haut. Aber ich
sprach zu dir von den nötigsten
Konsequenzen der Erobrung.
Du hattest dann eine Begegnung gehabt,
ließest hinter den Worten das Glas
und die Stufen, hinab in den Berg.
Ich hatte wieder etwas Preßpappe
geschnitten, Form eines A, des Beginns.
Du meintest den Mittag und einfach
die Temperatur, die wäre.
Da legte ich meine Hände
auf deinen Rücken; auf den Aderbuckeln
lagen alle Ringe der Sonne
und unter den Schwielen hob
und senkte sich die Folge der Zacken.
Du atmetest dann das schweflige O.
Und etwas wie Mitte entzündete sich.

Das heute noch kommt, das Tier

Es wartet noch ab.
Es antizipiert noch vom Weltende her.
Es parlamentiert.
Es heißt noch, wie es ausschaut.
Es ist noch poetische Umschreibung seiner selbst:
    Hausengel, heiliger Zorn.
Es blutet noch, leckt sich im Sitzen.
Es scheidet bereits Schorf ab.
Es frißt bereits verwunschene Kinder.
Es neigt schon zu Hornhaut.
Es will gar nimmer lieben.
Es leidet, weil es noch liebt.
Es liebt mich, der ich noch warte.
Nur einmal noch vergeb ich mich.

Jugendlicher Weltfrieden

Riding with Patti Smith

Duldsam schlägt wachsende Nacht die Sonne weg
    peitscht Wind brechende Stämme
Duldsam splittert Glas zwischen Hand und Hand
    fressen Schlaflose Tabletten
Duldsam verteilen Terroristen Brandsätze
    verbrennen Inquisitoren duldsame Ketzer
Duldsam breitet sich die Ölpest aus
    schäumt Blut im Teerausch
Duldsam erlegt ein Fernsehheld den Antihelden
    rollen Spinnen Fliegen ein
Duldsam brennt ein belegtes Hotel aus
    bekämpfen kleine Machthaber kleine Radikale
Duldsam legen Scharfschützen an
    zerfetzt der Schreiber sein Papier
Duldsam halten Krämpfe ihre Mägen fest
    frißt Säure wie Ratten Kinder fressen
Duldsam zersetzt die Ungeduld
    strahlt Satan radioaktiv
Duldsam antwortet Gott mit schnellen Neutronen
    platzt Kopfhaut unter Gummiknüppeln
Duldsam gelangt Bereitschaftspolizei zum Einsatz
    brechen Flüchtlinge auf
Duldsam werfen Wölfe den Schafspelz ab
    bereitet Syfilis einen schönen Tod
Duldsam löst sie zuvor das Hirn auf

Robinsons Metafysik

Ohne Gesellschaft, asozial quasi, tut er den ersten
Schritt, als wäre nichts gewesen, wäre nicht endgültig
aller Kontakt abgebrochen. Rutscht dagegen im Denken
ab in ein andres Niveau, denkt hier ganz mit seinem Ge-
schlecht.
Ohne Frau, Gegenpol, Anhang, als wäre er Weib und
Kind, als wäre er sein Mann und sein ganzes Gehabe,
als wäre nichts gewesen und noch immer alle mit von
der Partie, die aber die letzte ist.
Was naheliegt: Getränke.
Paar Biere, paar Büchsen Mortadella und Sülzwurst.
Alles so, als wäre rings Meer, Gelübde von Größe und
Einmaligkeit: dem sehnenden Städter.
Die Insel ein Geistesgebiet und Land der ungerufenen
Geister.
Der letzte Rausch, genannt so, nicht wirklich, denn jede
Berührung bleibt schwach vor dem Wünschen.
.Entwöhnung erweckt.
Der letzte Rausch ist gelebt, – ach nimm mich – und
Abklang.
Hier krächzt er, singt, wagt den Fantasien die Namen,
alte, zu geben. Der hohe Genuß, das heißt, höchstmög-
lich: blühende Insel Erinnrung. Erst hier offenbar: bishe-
rige Sehnsucht nach Leben aus der Erinnerung, aber
erst hier: Du hast sie dir täglich geschaffen.
Jeder der Tage hatte sein Ende, und so nur, vom Ende,
war Wesen.

Zu leben

verlegt in Gespräch, aber der Blick
zieht in die Glut und das Licht blühender Linden.
Die Verse verlegt in Gedärm nach Mitternacht,
in fliehenden Schlaf und schale Gesichte.

Zu leben der Reigen über Beton,
zwischen schmuddligen Schenken der Neuzeit.
Die Verse Caféhaus-Gewäsch,
kopiert aus den Filmen, den Wünschen nach gestern.

Zu leben der Schleier vor Augen, verliebt
in ein Zwinkern, ein blondes, der Lüge.
Die Verse die Hand,
solch stilles Umstreichen der Scham.

ZEN-Vorbereitung

1

Zeit der weißen Sonne, die Zeit.
Der Tag bleibt. Was ich behauptete,
blieb unter den Sohlen,
und ich stehe auf Elend.
Die vorige Sprache gebar die Not.
Das vorige Wissen war möglich.
Es gehorchte der Mechanik
eines Treibriemens in der Folge der Zeit.
Auf einem Berg zu stehen,
die Begriffe unten,
silbernes Band der Begriffe.
Gebadete Finger. Feste Speisen.
Noch sind das Gedanken.
Ich atme aus.

2

Noch sind Kraft und Energie unbekannt.
Noch ist die Energie unbekannt.
Der Stein ruht.
Ich nehme ihn in die Hand.
Es fällt mir leicht, solang ich nichts weiß.
Wenn ich von der Energie weiß, wird er schwer, und er
    wird heiß
und viel zu wunderbar für meine plumpe Geste.
Wenn ich etwas von der Energie verstehe, kann ich den
    Stein begreifen.
Ich hebe ihn wieder an.
Er ist leicht.
Ich habe teil an dem Wunder des Steines und bilde
    meine Kraft an seiner Energie.

3

Der Mond scheint her ins Zimmer, doch niemand ist
    zuhaus.
Ein fader Leib, ein Schemen, hockt in dem kahlen
    Raum,
so angefüllt mit Toden, so angefüllt mit Zeit.
Ist eins mit allen Monden, zur Liebe reifer Leib,
ist schwer und dicht und offen zugleich wie reines Glas
in diesem Licht des Mondes, der scheint ins leere Haus.

Zauber nebenbei

Nimm eine unerhört bislang Musik,
nimm einen schwach duftenden Nebel
und die tote jede Nacht.
Brauch dies unerfindliche Eine,
brauche den Boden fest wie „der Heimat",
den brüchigen aufgeworfenen Boden.
Nimm diese Hand, frei wie sie ist,
nimm das Lied des unheimlichen Sängers,
brauche Papier als genug wächst,
brauch Mechanismen aus Hölle und Luft,
nimm deinen zivilisierten Leib,
nimm guten Wein und Brot und Sinn,
brauche die Flachheit Fragen Flüche,
brauch dreist dumm dauernden Durchschnitt,
den du an dir hast.
Nimm die Rätsel und Träume ganz auf.
Nimm Magier mich mit.

Kolberger Blatt

Zu je gewisser Stunde morgens, abends,
vom frühsten Frühjahr weit bis in den Herbst
sitzen in bestimmter Region nördlicher Breite
auf den höchsten Bäumen, Firsten, Antennen und Tür-
men
alle Amseln der Hemisfäre
und sprechen miteinander.
Früher, der Schüler, achtete stets
der Einzelnen nur, hohlem, klagendem Klang,
weil er zu früh unterwegs war.

Sie kommt

1

Wie die Stille HÖCHSTPERSÖNLICH geht sie in meinen
    einzigen Raum,
wie die Stille, weiß gar nichts von sich,
die alles ahnt, so verspielt ist und so kommtundgeht.
Was geb ich der Ruhe, wenn sie keinen Tee mag, wenn
    der Wein
nicht ausreicht für meinen und ihren, so sanft
    offenbaren, Durst.
Was nützen die Vielklänge aus der Konserve unter dem
    Selbstgespräch,
das ich, heut nur, mit ihr führe.
Gähnende Einsamkeit, eine goldne, fließendweiche
    Hülle,
ein langsam schließender Kerker rührt sich nicht, ist
    nur ANWESEND,
in Gesellschaft meiner weißen Fahne, die verborgne
    Haut ist,
Kapitulation, der Schwindel um einer kleinen Zeit
    Genüge.
Wie DAS EINZIGE Schweigen steht sie in meinem dunke-
len, schmuddligen Fenster, lehnt sich hinaus, zögert
nicht mit wenigen banalen Satzzeichen, zeigt mir, de-
monstriert die Wirkung des Haares
im Lichtkranz auf mein sehnsüchtiggeiles Mannsein;
wie die Stille, die ahnungslos und alles kennt, mein
    Beginnen
gegen sie, aus Flüchen und Ausflucht und Floskel Na-
men,
nur Namen zu formen.
Aber sie KOMMTUNDGEHT und weiß nicht, was sie tut.

2

Wie DIE FRAGE DES LEBENS steht sie in meinem einzigen
    Raum,
ohne Ballast, hindrungslos eingefallen in die
    Scheinwelt
der Großen Bilder, Großen Zeiten, des Großen Um-
    bruchs unter
papiernen Standarten, steht sie unter den Aufständi-
    schen
mit den Zeitungsausschnittgesichtern, bricht sie ein
in meine Ersatzschönheit.
Ein Ganzes, eine Schöpfung, eine Kreatur – und mein
läppischer Mund ergänzt den Nachrichtensprecher.
Als Staunen tritt sie auf, begreift die Bühne nicht als
Bühne, wo meine Eiszeit nach Bündnissen strebt.
Wie DIE STILLE kommtundgeht, umgeb ich sie mit dem
    Flüstern,
geleite sie zur Taufe, entferne sie bewußt.
Mein Name ist Trennung, ich heiße Verrat, und ich weiß,
    was ich tu.

Gedicht des Christian mit der Amsel

Dunkeles Feuer.
Bote des Willens.
Es tagt. Es tagt.
Die Wirbel der Sprache:
beherrschst sie, kleine
begabte, singende Mutter.
Das Quellen der Töne:
beherrschst es, düstres
Talent du, lauthals mein Vater.
Botin des Alls
und furchtsamer Bote.
Trügrischer Lauthals.
Klagende Tochter.
Verführung des Morgens.
Tambour des Lichtes.
Es tagt. Es tagt.
Der Einbruch der Bläue.
Die Ankunft des Roten.
Das goldene Reich.
Ein Tag ist nie ein anderer.
Gewöhnliches Tier.
Mein Zeichen, der Liebe.
Rebellisches Zeichen.

Das wirkliche Grün,

                    das wirkliche
im Hellerwerden, schließen die Nacht
wir hinter uns ab, die traumlos,
und bitten wie Kinder die Sonne
und wird uns wie diesen gewährt:

Ein Weg vor die Stadt, wie jedem Tag
gesellt ich einen denke,
ein Weg an den Strand, an den Strom,
ein Meer, wo immer zu leben
ohne die Notdurft zum Gleichnis.

Inhalt

3